Titre original : *Learn about Moving Around*
© 1992 World Book, Inc.

Publié par World Book International
525 West Monroe Street
Chicago Illinois 60661
États-Unis

Édition française publiée par les Éditions Philippe Auzou, 1994
LE PETIT MONDE DE L'ÉVEIL est l'édition française autorisée de la collection
originale en langue anglaise *Early World of Learning,* traduite et adaptée
en langue française par ML Éditions, Paris.

ISBN 0-7166-6066-0 (collection)
Dépôt légal 4ᵉ trimestre 94

Loi n° 49-956 du 16. 1. 1949 sur les publications destinées à la jeunesse.

Imprimé à Singapour.

MOUVEMENTS

HISTOIRE	Felicia Law
DESSINS	Steve Smallman
	Shirley Tourret
ADAPTATION FRANÇAISE	Michel Langrognet

« Le problème lorsqu'on vole,
dit Pipo d'une voix fatiguée,
c'est qu'il faut toujours battre
l'air pour ne pas tomber. »

« Ton vrai problème, c'est que tu n'as pas d'ailes, persifle Mouette. Tu n'arriveras donc jamais à voler correctement. »

Bzzzz ! Un objet siffle dans
le ciel et passe rapidement
en rasant le chapeau de Pipo.

Il trace un large cercle
dans l'air et atterrit entre
les mains d'un petit garçon.
« Salut, dit Jo. C'est
mon boomerang. »

« Lorsque je le lance, dit Jo,
il revient toujours vers moi.
Je vais vous faire voir. »

Le boomerang vole très loin,
puis disparaît.

Tout le monde attend…
attend encore… mais
le boomerang ne revient pas.
« Oh ! crie Jo. Je veux que
mon boomerang revienne ! »

« Ne t'inquiète pas, dit Pipo.
Volette et moi, nous allons
retrouver ton boomerang.
Nous le chercherons partout. »

Pipo et Volette se mettent
en marche à travers
les hautes herbes.
« As-tu vu un boomerang ? »
demandent-ils au kangourou.
« Je vais bondir au-dessus
des hautes herbes et
le chercher », dit le kangourou.

« Fais comme moi : plie
tes genoux et bondis, Pipo. »

« Sautille aussi haut que
tu le peux, Volette. »

« Je cherche
le boomerang
dans les arbres »,
dit le koala.

« Fais comme moi :
grimpe, Pipo ! »

« Grimpe avec nous, Volette. »

« Je cherche dans les
feuilles, dit le kookaburra.
Je tourne et zigzague
entre les branches. »

« Fais comme moi : tourne,
Pipo ! » crie le kookaburra.

« Je peux tournoyer comme
une toupie, tout en regardant
autour de moi », dit Volette.

« Je cherche à travers
les champs, dit le cheval.
Regardez-moi galoper. »

« Doucement ! crie Pipo.
Trotter va bien assez vite ! »

« Tu veux aussi monter
à cheval, Volette ? »

« Je cherche sur le sol »,
dit le lézard.

« Fais comme moi : rampe sur tes mains et tes genoux, Pipo ! »

« Rampe avec nous, Volette. »

« Je cherche dans le sable, dit la tortue. Regarde-moi glisser jusqu'au bord de l'eau grâce à mes nageoires. »

« Fais comme moi :
allonge-toi sur le ventre
et glisse, Pipo ! »

« Roule sur toi-même,
avec nous, Volette. »

« Je cherche sur la mer,
en équilibre sur mon surf.
Regardez-moi glisser
sur les vagues », dit le surfer.

« Je suis en équilibre,
moi aussi », dit Pipo.

« Oh non ! dit Volette.
Je perds l'équilibre.
Je vais tomber ! »
PLOF !
Elle avait raison !

« Je cherche tout près du rivage », dit le dauphin. Pour nager, il fait onduler son corps et sa queue.

« Je peux nager aussi », dit
Pipo en battant des bras et
des jambes.

« Moi, je me tiens à ce
morceau de bois et je flotte
sur le dos », dit Volette.

« C'est incroyable, Volette !
dit Pipo. Tu as trouvé
le boomerang de Jo.
– Incroyable, c'est le mot !
Comment as-tu fait ? »
ronchonne Mouette.

« C'était facile, dit Volette.
Nous avons fait une petite
marche, des bonds, des sauts.
Il a fallu grimper, tourner,
tournoyer.
– Mais aussi galoper et trotter,
ajoute Pipo.
– Et ramper, glisser, rouler,
dit Volette en refaisant
tous les mouvements.

– Je me suis mis en équilibre,
puis j'ai nagé, dit Pipo.
– Enfin, j'ai flotté, gazouille Volette.
Et voilà comment j'ai retrouvé
le boomerang de Jo.
C'était vraiment très simple ! »

« Eh bien ! dit Mouette,
vous devez être très fatigués
après tous ces exercices. »

Et comme elle a raison !

Comment peux-tu bouger?

Peux-tu sauter
comme ceci?

Peux-tu sautiller
comme ceci?

Sais-tu
faire la roue?

Peux-tu te balancer
comme ceci?

Sais-tu
te tenir
sur la tête?

Peux-tu te plier
comme cela?

Peux-tu te tenir
sur une seule
jambe?

Peux-tu t'étirer
comme cela?

Peux-tu te
mettre en boule
comme cela?

Observe attentivement
ce dessin. Peux-tu en décrire
les différents mouvements?

Note aux parents

Les enfants sont toujours en mouvement, constamment en train de tester et de développer leurs aptitudes physiques. Dans le même temps, ils apprennent à décrire leurs expériences. Le développement physique et mental d'un enfant passe par des jeux et des défis vigoureux, à eux-mêmes.

Dans **Découvrons les mouvements,** Pipo et ses amis sont en Australie. Ils aident un jeune aborigène à retrouver son boomerang. Ils demandent à plusieurs animaux de les aider dans leur recherche. Ils se déplacent tous dans le même environnement, mais chaque animal a sa propre façon de se mouvoir. Cette histoire présente les différentes façons de bouger, ainsi que le vocabulaire nécessaire pour décrire les mouvements. Les illustrations et le texte donnent de nombreuses occasions de discussion avec votre enfant.

Parlons des mouvements

Te souviens-tu de ce que doit faire Pipo pour voler ?

Peux-tu battre des bras comme Pipo ?

Peux-tu voler ? (Il est important que votre enfant comprenne bien qu'il ne peut pas imiter Pipo et voler !)

Comment bouge un kangourou ?

Peux-tu bondir comme un kangourou ?

Comment bouge un koala ?

Peux-tu grimper comme un koala ?

Quel animal peut galoper ?

Comment bouge un lézard ?

Peux-tu ramper comme lui ?

Sais-tu nager ? Et comment ?

Apprenons ensemble

Votre enfant sera impatient de reproduire les mouvements décrits
dans ce livre. Essayez, dans la mesure du possible, de lui ménager
un espace suffisant pour qu'il puisse expérimenter ces exercices.
Attirez l'attention de votre enfant sur les mouvements des objets
qui vous entourent et encouragez-le à décrire ces mouvements.

Demandez à votre enfant combien de mouvements il peut faire avec une
seule partie de son corps. Par exemple : « Avec tes pieds, tu peux frapper,
sautiller, bondir, sauter, marcher, te mettre sur les pointes. »
Faire une collection d'images d'objets que l'on utilise comme moyen
de transport.

Quels sont les jouets qui bougent ? Comment les fait-on fonctionner ?
Faut-il les pousser, les faire rouler, souffler dessus, les remonter
avec une clé ou actionner d'autres mécanismes ?

Le sens de l'équilibre est très important. Encouragez votre enfant à
développer son équilibre. Jouez à qui marchera le plus loin sur une ligne
sans vaciller ni poser le pied à côté. Placez un livre pas trop lourd
sur la tête de votre enfant et observez combien de temps il peut tenir
avant que le livre ne tombe.

C'est peut-être aussi le moment, à l'occasion de la lecture de ce livre,
d'avoir une discussion sur les personnes qui sont limitées dans leurs
mouvements. Comment les aider ? Que faut-il prévoir pour leur
handicap ?

Vous pouvez aussi utiliser l'histoire comme point de départ d'une
discussion sur les moyens de locomotion, par exemple l'avion.
Quels autres véhicules utilise-t-on ? Pourquoi utilisons-nous ces moyens
de transport pour nous déplacer ?